NOUVELLE DESCRIPTION

DES

OBÉLISQUES

DE LUXOR,

AUGMENTÉE DES RENSEIGNEMENS LES PLUS RÉCENS,

ET PRÉCÉDÉE

D'UN COUP D'ŒIL RAPIDE SUR L'ÉGYPTE ANCIENNE.

SÉSOSTRIS.

PARIS,

RUE TARANNE, Nº 12 ;

ET CHEZ Mᵐᵉ VEUVE BOISSAY, LIBRAIRE,

RUE DE L'ODÉON, Nº 31 ;

A ROUEN,

CHEZ M. FRANÇOIS, LIBRAIRE,

GRANDE RUE, Nº 33.

———

1833.

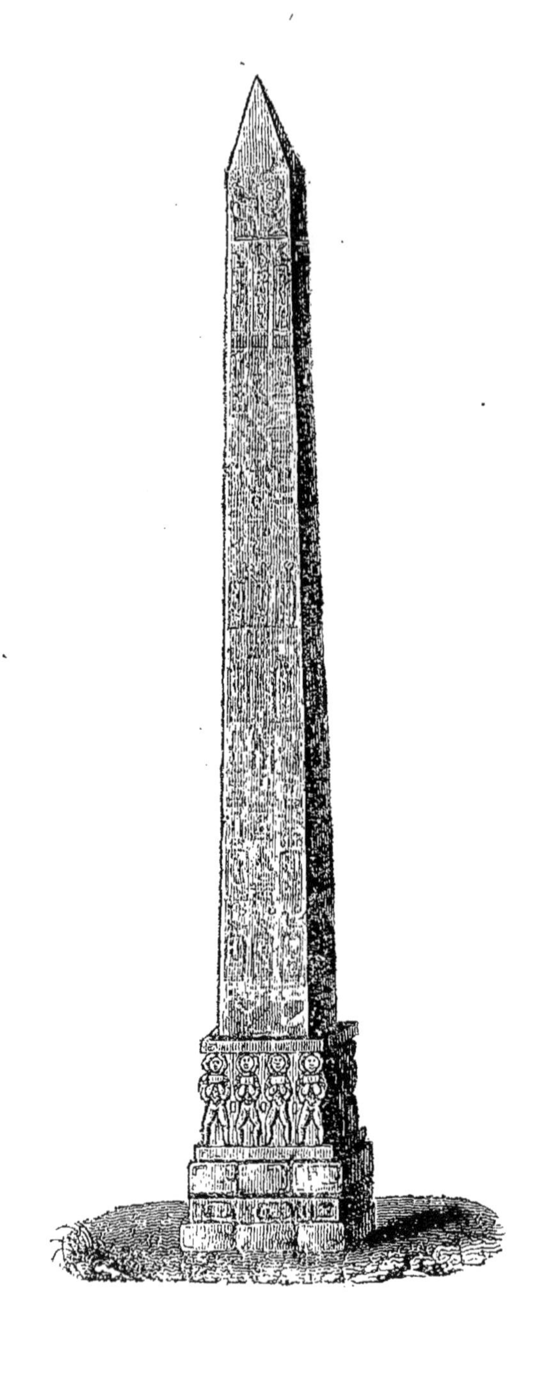

OBÉLISQUES DE LUXOR.

Il est impossible de comprendre le caractère des monumens des Égyptiens, si l'on ignore entièrement l'histoire des mœurs et des institutions de ce peuple, où tout semble avoir commencé. Nous nous contenterons ici de quelques indications sommaires; elles serviront d'introduction à la description des obélisques qui excitent si vivement la curiosité et l'intérêt.

Ce qui caractérise les constructions égyptiennes, c'est la grandeur, comme l'élégance et l'harmonie des proportions distinguent l'architecture grecque; toutefois les Égyptiens n'étaient point insensibles à la beauté de l'ensemble et à la perfection des détails; les ruines de l'ancienne Latopolis, attestent suffisamment le goût et la science de leurs sculpteurs, mais à leurs yeux l'élégance était secondaire; ce qu'ils voulaient avant tout c'était la durée, et ces masses énormes qui ont vu la ruine de leur puissance et de leurs institutions, témoignent assez qu'ils ont atteint le but qu'ils s'étaient proposé.

Mais quel motif pouvait inspirer à des hommes le désir de perpétuer ainsi leurs monumens? Était-ce l'amour de la gloire? On serait tenté de le supposer si ce sentiment inquiet ne paraissait peu compatible avec la stabilité des lois et des mœurs égyptiennes. Nous croyons plutôt que tous ces prodiges sont nés de la nécessité. La fécondité du sol attachait puissamment les Égyptiens à la patrie ; mais il fallait pour conquérir ces riches moissons, lutter contre les envahissemens périodiques du fleuve, et du côté du désert arrêter les flots de sable que le vent d'Afrique lançait sur les coteaux cultivés. L'obstacle devait être proportionné à la puissance de l'attaque ; les lacs destinés à recevoir le trop plein du Nil furent immenses, les digues s'élevèrent massives, et les monumens reçurent un caractère colossal. La récurrence des inondations rendit les Égyptiens calculateurs et géomètres : ils durent faire des progrès rapides en navigation et en astronomie ; et l'influence des sciences exactes, en passant dans les études philosophiques, imprima à leurs lois et à leurs institutions un caractère d'ordre et de fixité que les étrangers admiraient, et que les sages de tous les pays ont appelé la sagesse des Égyptiens.

Les idées religieuses liaient fortement les institutions, et les prêtres exerçaient la double influence du sacerdoce et de la parole enseignante. Le peuple ne cherchait pas à pénétrer les mystères que renfermait l'enceinte des temples. Il était laborieux et simple : les professions héréditaires, l'oisiveté punie par les lois, le respect des tombeaux qui perpétuait le souvenir des vertus ; telles sont les bases sur lesquelles les législateurs établirent la longue prospérité de l'Égypte.

Pour frapper avec plus de force l'imagination du peuple, ils avaient symbolisé tous les grands phénomènes de la nature. C'est ainsi que le combat allégorique d'Osiris contre Typhon, représente la lutte de l'agriculture contre la mer ou l'envahissement des sables. Le bœuf Apis était la personnification du labourage. La terre baignée par les eaux et fécondée par le soleil, l'influence des saisons correspondant avec les aspects des constellations, la germination du grain, tout s'expliquait par des représentations symboliques. Ils semblent avoir compris l'unité de la Divinité ; mais ce culte épuré était sans doute le dernier degré des initiations, et ils personnifiaient pour le vulgaire tous les attributs de l'Etre suprême. Les autres peuples frappés de la puissance et de la civilisation des Égyptiens, leur empruntèrent leurs dieux auxquels ils attribuaient tant de merveilles.

Les génies les plus célèbres allèrent puiser aux sources égyptiennes ; Homère, Platon, Moïse, Lycurgue, Solon, Thalès, Pythagore, rapportèrent de leurs entretiens avec les prêtres de Memphis et de Thèbes, les élémens de leurs systèmes. Salomon, lorsqu'il conçut le projet de construire le temple de Jérusalem, leur emprunta des architectes. Les Grecs envoyèrent des ambassadeurs pour les consulter avant d'établir les jeux Olympiques. Le stade même était une mesure géographique déterminée par les Égyptiens ; et le Zodiaque de Tentyra ne nous laisse aucun doute sur l'étendue de leurs connaissances mathématiques appliquées aux études de l'astronomie.

La population dut s'augmenter en raison de cette

prospérité croissante, et les colonies de l'Egypte dotèrent d'autres contrées, des arts et de la civilisation de la mère-patrie.

Sous Psammétique deux cent quarante mille Egyptiens changent la face de l'Ethiopie; Danaüs bâtit la ville d'Argos, Cécrops jette les fondemens de la ville d'Athènes; et quelques soldats de Sésostris, élèvent OEa capitale de la Colchide. Enfin le commerce, et avec lui la civilisation, s'étendent par la Mer Rouge jusque dans les Indes.

Sous les Pharaons l'Égypte fut paisible; mais Sésostris voulut essayer de la gloire des armes, et tout plia sous son génie. Ses conquêtes appelèrent une réaction violente : Sabacon, roi d'Ethiopie, ravagea tout le bassin du Nil; deux siècles plus tard les Perses conduits par Cambyse, non contens d'humilier les Egyptiens par leurs victoires, s'attachèrent à ruiner leurs institutions. Cependant une haine vivace contre les oppresseurs les maintint long-temps encore. Ce ne fut que vers l'irruption des Macédoniens que les mœurs s'altérèrent; et cette majestueuse unité nationale, morcelée de toutes parts, n'offrit plus qu'un riche butin aux vainqueurs. Cependant le commerce et les arts brillèrent à cette époque d'un vif éclat. Alexandrie s'éleva, et le canal de Suez ouvrit un débouché facile aux riches produits des Indes. La bibliothèque d'Alexandrie offrait le dépôt le plus complet de tous les monumens de l'intelligence humaine. Manéthon, grand-prêtre de Sébennyte, écrit son histoire d'Egypte, dont nous ne possédons plus que quelques fragmens. Enfin Rome étend son bras de fer sur cette contrée qui s'efface parmi les provinces de ce vaste empire.

L'Egypte n'est plus que le grenier de l'Italie, et les vainqueurs déjà amollis par le génie des Grecs se contentent de faire transporter quelques obélisques qu'ils ne parviennent à mouvoir qu'avec des peines infinies. L'école philosophique d'Alexandrie ne jeta qu'un éclat passager. Enfin Mahomet surgit, et tout l'Orient change de face. Les Arabes prêchent la religion du Prophète les armes à la main ; l'armée d'Héraclius est défaite à Yarmouk ; Omar envoie les Musulmans à la conquête de l'Égypte, Amrou son général est vainqueur, les restes de la bibliothèque d'Alexandrie périssent, et l'Égypte est déclarée province du Califat. La branche d'Aly s'établit dans cette contrée témoin de tant de vicissitudes ; Moèz, troisième calife, le premier des Fatémites, achève la ville du Caire. Sous Adhèd, dernier calife fatémite, les croisés pénètrent en Égypte. Guy de Lusignan s'empare de la capitale, et se retire devant Noureddin, gouverneur de la Syrie ; Saladin, neveu de Nourreddin, se fait proclamer sultan, et laisse la réputation d'un grand prince. Ses descendans prennent le nom d'Ayoubites ; le dernier fut remplacé par un esclave. Avec les sultans Baharites commence la domination des Mamlouks, qui restèrent les maîtres jusqu'à Sélim Ier, empereur de Constantinople.

Depuis cette époque l'Égypte a relevé de la Porte Ottomane. Les beys institués pour paralyser le pouvoir des vice-rois, essaient, vers le milieu du dix-huitième siècle, de se soustraire à l'autorité des sultans. Ibrahim affiche la révolte ; Ali-Bey va plus loin, mais la défection de son favori le fait échouer. Enfin, Ibrahym et Mourad sont défaits par les troupes de la république française.

Cette expédition eût pu régénérer l'Égypte, mais le départ précipité de Bonaparte, l'assassinat de Kléber et l'impéritie de Menou, rendent stérile cette entreprise hardie ; toutefois, elle a laissé des résultats intéressans sous les rapports scientifique et historique. Elle a aussi contribué à faire prévaloir dans ces contrées l'influence française. Le vice-roi actuel favorise la civilisation ; nos officiers ont formé ses troupes à la discipline européenne ; nos ingénieurs construisent ses flottes ; et un grand nombre de jeunes Égyptiens viennent étudier parmi nous, nos lois, nos sciences et nos arts, pour les reporter un jour dans leur patrie.

L'Orient présente aujourd'hui un grand spectacle ; celui de deux princes essayant de doter leurs peuples de la civilisation européenne. Mais Mahmoud semble lutter contre une fatalité qui paralyse tous ses efforts : la Russie le pousse à la réforme, sachant bien qu'elle aura meilleur marché des Turcs, au milieu de la ruine de leurs institutions, et elle se réserve d'arrêter leurs progrès. Quant à Mehemet-Aly, nous venons de le voir pousser ses armes victorieuses jusqu'à Koniah, et il se reposerait aujourd'hui à Constantinople, si l'Europe n'eût jugé à propos de l'arrêter.

De grands travaux publics ont signalé son administration ; il a fait élever un mur d'enceinte autour d'Alexandrie ; il a fortifié le château d'Aboukir ; il a fait construire sur une étendue de trois lieues une digue de deux mètres de large, qui, en séparant les eaux du lac Maadieh du bassin de la Méditerranée, empêchera de nouvelles inondations. Mais le plus utile de ses travaux, c'est le canal de Foueh qui porte les eaux du Nil jusqu'au pied de la colonne de Pompée. Plus de cent mille hommes y ont travaillé pendant deux ans. C'est à lui peut-être qu'est réservé l'honneur de canaliser l'isthme de Suez, et si ce vœu se réalise, l'histoire écrira son nom à côté de celui de Philadelphe.

Ce prince éclairé a permis à l'Europe savante d'exploiter les ruines précieuses qui couvrent le sol de l'Égypte ; le zodiaque de Dendérah, présentement à la Bibliothèque Royale, est peut-être le vestige le plus précieux que nous ait légué l'antiquité égyptienne (1).

Depuis que les membres de l'Institut du Caire se sont livrés à leurs laborieuses investigations sur les monumens égyptiens, les Grecs, que l'on regardait comme créateurs, sont redescendus au rang d'imitateurs ingénieux. On reconnut dans le chapiteau dactyliforme le type du chapiteau corinthien ; les piliers cariatides ne sont plus qu'une imitation de ces piliers contre lesquels les Égyptiens ont adossé les figures sculptées de leurs dieux. Le petit temple d'Edfou et le

(1) Il existe quatre zodiaques égyptiens qui ont été, tous quatre, découverts par les savans de l'expédition française ; savoir : deux à Esné (Latopolis), qui commencent par le signe de la Vierge ; et deux à Dendérah (l'ancienne Tentyra) qui commencent par le Lion. C'est le plus petit de ces derniers que M. Le Lorrain a transporté à Paris.

temple d'Isis, à Philæ, servirent de modèles aux édifices periptères ; et le stade olympique , que l'on prétendait institué par Hercule lui - même , se retrouve exactement dans l'apothême du monument de Chéops (1).

Ainsi , les formes les plus heureuses semblent avoir été imaginées par les Égyptiens, et celles qui offrent le plus de garanties sous le rapport de la durée, ont été concurremment appliquées à leurs monumens. Parmi ces derniers sont les pyramides et les obélisques.

Le mot pyramide vient du mot grec *pur*, qui signifie feu, parce que les colonnes pyramidales affectent la forme que prend la flamme en s'élevant , et se terminent comme elle en pointe.

Le mot obélisque vient du mot grec *obelos* (broche, glaive). Les Égyptiens les ornaient d'hiéroglyphes ou caractères sacrés. M. Champollion le jeune, récemment frappé au milieu de ses intéressans travaux, a soulevé en partie le voile mystérieux qui couvrait

(1) La plupart des mesures grecques paraissent déduites du système métrique de l'ancienne Egypte. On remarqua que le frontispice du Parthénon, à Athènes, donnait une longueur égale à un plèthre égyptien, que la surface de ce temple contenait un aroure, et divisait exactement vingt-cinq fois la base de la grande pyramide de Memphis. — L'aroure était, chez les Egyptiens, une superficie de cent coudées de côté. Le plèthre, mesure linéaire, se composait de cent pieds. Le stade égyptien ou olympique contenait six plèthres, et était contenu lui-même six cents fois dans le degré terrestre. La valeur du pied égyptien est un sous-multiple du degré terrestre, mesuré en Egypte ; ainsi, les Egyptiens étaient parvenus, bien avant Eratosthène, à calculer la mesure du globe terrestre.

l'écriture des anciens Égyptiens. Selon ce savant, les Egyptiens avaient trois sortes d'écritures (Discours historique sur l'Egypte.) : l'*hiéroglyphique* ou *sacrée*, *hiératique* ou *sacerdotale*, et la *démotique* ou *populaire*.

I. L'écriture hiéroglyphique consistait dans l'emploi simultané de trois espèces de signes bien distincts : 1° de caractères *figuratifs* ou représentant l'objet par la figure de l'objet même; 2° de caractères *symboliques*, ou exprimant une idée par l'image d'un objet physique qui avait avec cette idée une analogie vraie ou convenue ; 3° de caractères *phonétiques*, c'est-à-dire exprimant les sons : tout signe phonétique était l'image d'un objet physique dont le nom, en langue égyptienne, commençait par l'*articulation* ou la *voix* que ce signe lui-même était destiné à représenter. Les caractères phonétiques étaient donc de véritables signes alphabétiques. Pour se faire une idée précise de ce système complexe d'écriture, il faut concevoir que dans tout texte hiéroglyphique, les trois espèces de signes que nous venons de définir étaient employés concurremment et selon les besoins de la phrase. Ainsi, parmi les idées qui composent une phrase quelconque, les unes étaient de nature à être représentées figurativement, les autres symboliquement, et d'autres enfin par un groupe de signes phonétiques. Dans tout texte égyptien, il entre au moins deux tiers de signes phonétiques ; et dans les mots écrits phonétiquement, on supprime presque toujours les voyelles médiales, comme cela se pratique dans diverses écritures orientales.

II. L'écriture hiératique n'est qu'une simple tachygraphie de l'écriture hiéroglyphique dont elle dérive immédiatement. Dans ce second système qui, de même que le premier, est à la fois figuratif, symbolique et phonétique, la forme des signes est considérablement abrégée.

III. Les signes de la troisième espèce d'écriture, c'est-à-dire de la démotique, empruntés à l'hiératique, sont tous simples, moins nombreux, et la plupart phonétiques. Il s'y mêle fort peu de caractères symboliques, et les signes figuratifs en sont entièrement exclus.

Après cette courte excursion dans les terres de l'Egypte ancienne, nous allons nous occuper de l'obélisque de Luxor, qui bientôt s'élèvera sur une de nos places.

Le village de Luxor ou Louqsor est jeté sur les ruines de l'ancienne Thèbes. Les constructions modernes se distinguent à peine au milieu des monumens antiques; mais à une grande distance le pilône (1) et les obélisques annonçaient la ville aux cent portes,

(1) On appelle pilône une construction massive, représentant une muraille pyramidale.

dont chacune, selon Homère, pouvait lancer dans la campagne deux cents chars et dix mille combattans.

La partie septentrionale du palais est enveloppée dans le village; vers le sud les habitations deviennent plus rares. Dans la direction de Karnak, s'élèvent de grands monticules formés de décombres, et dont la concavité regarde le cours du Nil. Dès qu'on arrive à Luxor, on se trouve au milieu d'un nombre incalculable de colonnes, les unes de six mètres, les autres de dix mètres de circonférence. A droite règnent des portiques, à gauche les masses imposantes du pilône et les deux obélisques (1). Le chemin de Karnak paraît jeté sur la route qui jadis réunissait les deux quartiers de Thèbes situés sur la rive orientale du Nil.

Derrière les deux obélisques, à droite et à gauche, on voit les bustes de deux figures colossales en granit de Siène, gardiens gigantesques du palais. Leurs visages sont mutilés et leurs formes presque méconnaissables. Sur toute cette route, dont la longueur est d'environ deux milles, et de huit pieds en huit pieds, s'élevaient des sphinx en grès ou en granit, à corps de lion ou à tête de femme. Le plus grand nombre a été endommagé ou détruit; mais, vers Karnak, il en reste quelques-uns qui sont parfaitement conservés. Ces figures bordaient une des principales avenues de Thèbes, et qui, dans la crue du fleuve, prenait l'aspect d'un canal. Les hiéroglypes

______

(1) Il est inutile de faire remarquer que cette description, extraite de l'ouvrage sur l'Egypte, a précédé l'enlèvement de l'un de ces obélisques.

qui décorent les faces des obélisques de Luxor sont parfaitement sculptés ; ils sont disposés sur trois lignes ou colonnes verticales. Dans la colonne du milieu ils ont un beau poli et sont creusés à la profondeur de quinze centimètres : dans les colonnes latérales, on s'est contenté de les piquer à la pointe. Ces différences, qui produisent des effets variés de tons et de lumière, paraissent avoir été calculées. Il est à remarquer que les faces de ces pyramides sont légèrement convexes, sans doute pour neutraliser l'effet de la perspective qui, à une certaine distance, fait tourner les surfaces planes.

Le plus élevé des deux obélisques a vingt- cinq mètres trois centimètres d'élévation, en comprenant le pyramidion qui a deux mètres cinquante-six centimètres ; sa base a deux mètres cinquante-un centimètres en tout sens. On estime que sa masse pèse environ cinq cent vingt-cinq milliers. L'obélisque occidental que représente la gravure a vingt-trois mètres cinquante-sept centimètres de hauteur, en supposant le pyramidion restauré. Sa base a deux mètres trente-neuf centimètres. Une de ses arêtes est brisée jusqu'à la hauteur de trois mètres au-dessus du socle. Le poids de cet obélisque est de quatre cent soixante milliers.

Ces énormes monolithes sont en granit rouge de Siène. On ne peut qu'admirer la patience et le génie des Égyptiens en pensant à toutes les difficultés qui ont dû précéder l'érection de semblables monumens. Après avoir trouvé un rocher convenable, il fallait détacher l'obélisque de sa masse. Les anciens se servaient à cet effet de coins en fer ou en bois pour faire éclater le bloc : dans le premier cas, on frappait simultanément sur les coins dans toute la longueur de la tranche ; dans le second, on humectait le bois qui, en se gonflant, forçait la séparation de la pierre. MM. Jollois et Devilliers, ingénieurs des ponts-et-chaussées, attachés à l'expédition d'Égypte, ont trouvé des traces de ces coins dans plusieurs rochers dont l'exploitation avait été commencée.

Quand le fût était dégagé de la masse du roc, il fallait le transporter sur le point où le monument devait s'élever. A cet effet on ménageait un plan incliné en sable, de manière que la face d'appui portât également ; puis lorsque le rocher était éloigné du Nil, on attendait la crue des eaux pour placer le monolithe dans une barque ; ou bien l'on creusait un canal qui recevait l'embarcation et la portait jusqu'au Nil.

Sous Auguste, on construisit un vaisseau qui rapporta d'Alexandrie deux obélisques. Ils furent placés l'un dans le grand cirque, l'autre dans le Champ-de-Mars. Caligula transporta à Rome un troisième obélisque, et le navire dont on se servit était si vaste qu'il suffit sous l'empereur Claude à la fondation d'une des ailes du port d'Ostie. Constantin voulut faire transporter à Byzance un des grands obélisques de Thèbes ; mais à sa mort, son fils Constance le fit enlever d'Alexandrie, où il était déjà arrivé, et le transporta à Rome.

Les machines employées par les Romains, attestent leur infériorité dans les arts mécaniques, et l'ignorance où ils étaient restés des procédés ingénieux des Égyptiens qui avaient trouvé le moyen de soulever des temples entiers d'une seule pièce, du poids de six à huit millions de livres.

Lorsque les Barbares se ruèrent sur l'Europe, les monumens de Rome furent dégradés ou ruinés. Sixte-Quint, huit siècles plus tard, entreprit de relever l'obélisque de Caligula, mais l'exagération des forces jugées nécessaires, prouve que la renaisssance des lettres et des beaux-arts avait de beaucoup devancé celle des sciences exactes.

La célèbre expédition des Français en Égypte, qui ferme si glorieusement le dix-huitième siècle, devait enrichir nos places publiques et nos musées d'un grand nombre de monumens; mais la politique des Anglais à cette époque l'aurait rendue stérile sans l'ouvrage que nos savans ont rédigé au milieu des campemens et des combats. Trente ans s'étaient écoulés depuis cette expédition, lorsque l'on conçut l'idée de transporter en France l'un des obélisques de Thèbes; et c'est à la marine française qu'appartient l'honneur de cette difficile et périlleuse entreprise.

A la demande de M. Delaborde, membre de l'Institut, et qui nous a permis d'emprunter quelques détails à l'intéressante brochure qu'il a publiée sur l'obélisque de Luxor, un officier de la marine, directeur de l'arsenal d'Alexandrie, envoya le modèle d'un énorme radeau sur lequel on aurait fait descendre l'obélisque depuis Thèbes jusqu'à la mer, et qui, ensuite, aurait été remorqué par un bateau à vapeur. Ce projet n'ayant pas été adopté, il fut décidé que l'on construirait à Toulon le bâtiment destiné à transporter l'obélisque, et on le nomma *le Luxor*. M. Verninac, lieutenant de vaisseau, en eut le commandement, et les opérations concernant l'abattage et le transport du monument furent confiées à M. Lebas, ancien élève de l'École Polytechnique, et ingénieur de la marine. En mars 1831, *le Luxor* partit de Toulon et arriva heureusement à Alexandrie. Lorsqu'il lui fallut remonter le Nil, les difficultés se présentèrent, et un ciel brûlant les rendit plus pénibles encore. Enfin, après avoir perdu toutes ses embarcations et ses cordages d'amarre, l'équipage arriva vis-à-vis du palais de Luxor, situé sur une butte factice à peu de distance du Nil. Le premier soin des ingénieurs fut de déblayer les socles des obélisques.

Les cartouches multipliés sur leurs faces, présentent le nom de Rhamessès ou Sésostris, et paraissent contenir l'énumération de ses travaux (1).

L'obélisque était monté sur deux socles; le premier, qui reposait immédiatement sur le sol, maçonné et dallé, était en grès de trois morceaux; le deuxième était d'un seul bloc de granit rose. Sur celui-ci, sont représentés des côtés nord-est et sud-ouest, des singes cynocéphales portant sur leur poitrine la même légende de Rhamessès : *chéri d'Ammon, approuvé du soleil*, que l'on retrouve encore sur la base du monument. Il est probable que ce Rhamessès ou Sésostris dont parlent Hérodote et Strabon, est le premier roi de la dix-neuvième dynastie qui est mentionné dans les fragmens de Manéthon. Le portrait de ce prince

(1) *Voy.* le portrait de ce prince sur le titre de la brochure.

se retrouve sur plusieurs grands monumens; et les ruines égyptiennes témoignent à la fois de son génie militaire et de son amour éclairé pour les arts.

M. de Verninac avait profité de la crue des eaux pour avoir un échouage facile à l'instant de leur retraite, le vaisseau ayant besoin d'un appui égal et solide, de manière que, portant dans toute sa longueur sur un lit de sable, il pût résister aux secousses de l'embarquement. Le navire fut placé l'avant à l'est, directement du côté du monolithe ouest, le plus petit des deux mais le mieux conservé. Quand *le Luxor* fut assis, on l'encaissa tout autour de sa carène à une hauteur de quelques pieds, puis on lui fit une tente de nattes de joncs, pour l'abriter par en haut et de côté contre l'ardeur dévorante du soleil; ensuite on le démâta avec des *bigues*, pièces de bois disposées en X dont les jambages inférieurs sont très-allongés; enfin on le vida complètement.

L'équipage alla s'établir dans une maison de briques cuites au soleil, qu'il avait élevée lui-même.

Le lit ou cale sur lequel *le Luxor* était assis, avait été préparé par M. l'ingénieur Lebas.

Parti de Rosette peu de temps avant le bâtiment, il avait remonté le Nil avec des barques légères, et était arrivé à Thèbes environ quatre semaines avant M. de Verninac. Cet officier avait emmené de Toulon douze ouvriers, charpentiers, forgerons et autres, et onze marins avec un chirurgien et un jeune élève de première classe, M. Jaurès, aujourd'hui lieutenant de frégate. M. Lebas avait eu le temps de faire des préparatifs pour l'abattage de l'obélisque; cinq cents

(19)

Arabes, hommes, femmes et enfans, restèrent à la
solde de la France tant que dura l'opération. Tous
ces travaux s'exécutèrent sous un ciel brûlant, et au
milieu des ravages du choléra (1). Un plan incliné avait
été préparé parallèlement aux pylônes du temple; et
à cet effet un espace de trois cent soixante-douze mètres
avait été creusé et nivelé. Il a fallu un mois à l'obélisque pour franchir cet espace.

L'opération de l'abattage eut lieu au moyen d'un
câble tenant au haut de l'armature de l'obélisque, et
fixé à une ancre de forte résistance, placée à cent cin-
quante mètres du monument. Ce câble était retenu
en sens opposé par une poutre assujettie à un fort point
de soutènement d'où partait le mouvement.

Le monolithe tournait en s'appuyant sur un cylindre
de chêne de vingt centimètres de rayon, et qui a sup-
porté, pendant vingt-cinq minutes, une pression de
quatre cent soixante milliers, sans éprouver la moindre
altération. Huit hommes, placés sur les apparaux de
retenue, réglaient la chute du monument, qui est
resté suspendu pendant deux minutes sous un angle
de trente degrés, et s'est enfin abaissé doucement

(1) Le 10 septembre, un étranger fuyant le Caire, où le fléau
sévissait avec violence, arriva à Luxor, et y mourut presque
subitement. Du jour de l'invasion au 15 octobre, qui marqua
la fin de la maladie, cent vingt-six Arabes furent enlevés, sur
huit cents qui habitaient l'endroit. Sur cent vingt-six Français quinze seulement furent atteints, et un seul succomba,
grace aux soins et au dévouement de M. Angelin, chirurgien
de deuxième classe, qui vient de recevoir la décoration de la
légion d'honneur.

sur la cale de halage, aux acclamations des habitans et des voyageurs accourus des environs.

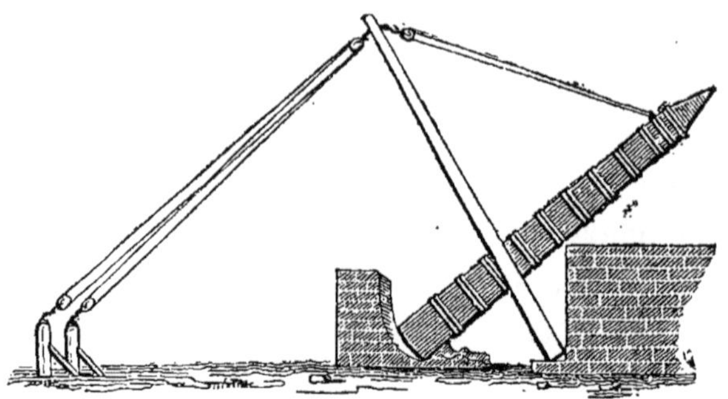

Le 19 décembre, le sommet du pyramidion était arrivé à l'huis béant du navire.

Pour embarquer l'énorme granit dans le navire, on avait coupé une tranche du bâtiment de l'avant à l'arrière. Cette tranche, de trois mètres de longueur, fut pratiquée au moyen d'un trait de scie qui s'arrêta à la quille. On s'était contenté de disjoindre la quille dans un de ses adents.

La tranche fut soulevée par des palans couchés sur le sable. On fit glisser l'obélisque sur le plan de sable

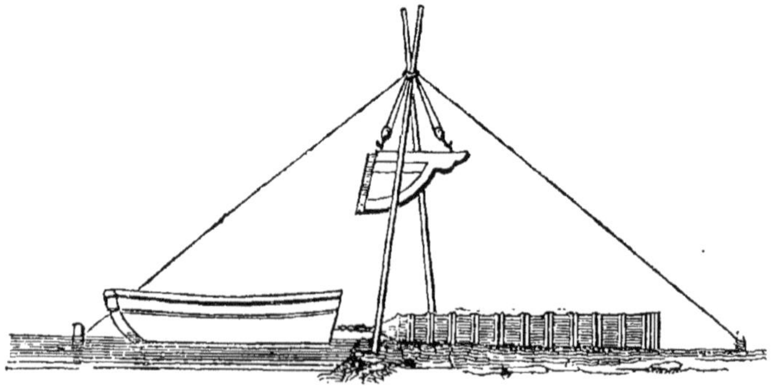

dont nous avons parlé, et on l'introduisit dans le navire par l'ouverture préparée. L'avant du bâtiment fût alors remis en place, et toutes les parties se sont exactement raccordées. Le 25 décembre *le Luxor* avec sa charge fut en état de voguer. Le bâtiment fut emménagé, remâté, dégagé du sable qui l'entourait, et le Nil croissant vint le prendre à l'endroit où il l'avait déposé quatre mois auparavant. La navigation, en descendant le fleuve, fut entourée de mille obstacles. Arrivé à la barre de Rosette, le navire ne put la franchir d'abord; une espèce d'île de vase et de sable avait fermé les passes du Nil; enfin un violent coup de vent la laboura, et M. de Verninac put profiter de la remorque du *Sphinx*, que commandait M. Sarlat.

La dernière opération, moins difficile mais également hasardeuse, consistait à traverser la Méditerranée et l'Océan pour déposer sur les côtes de France ce précieux monument des arts que la science vient de reconquérir. *Le Luxor*, après s'être arrêté à Toulon, est arrivé à Cherbourg, remorqué par le bâtiment à vapeur le *Sphinx*. Le monolithe, couché sur sa cale, est enveloppé d'une robe de planches et de solives qui pèse quarante milliers, de sorte que le poids total de la charge est de cinq cents milliers.

La capitale possèdera bientôt ce monolithe, destiné peut-être à survivre à l'existence de Paris, comme il a déjà survécu à la splendeur de Thèbes. Des débats intéressans se sont élevés sur la convenance de l'emplacement qu'il occupera. Les obélisques isolés perdent sans douto une partie de leur caractère en se dédouillant de leur destination primitive. Les Egyptiens en plaçaient deux en avant des pylônes des temples, où ils annonçaient en quelque sorte l'importance et la majesté de l'édifice. Mais d'abord il est douteux que nous possédions jamais le second; et même en supposant que le même succès couronnât une entreprise semblable, auquel de nos monumens modernes pourrait convenir cette espèce de personnification antique? Les essais qui ont été faits dans les fêtes de juillet dernier paraissent avoir résolu la question. La place de la Concorde verra s'élever ce magnifique témoignage d'une gloire éteinte, à l'endroit même où sévit, il y a quarante ans, la colère d'un peuple. Libre aux uns d'y voir une leçon pour les princes, aux autres, une expiation à la mémoire d'un roi malheureux.

La légèreté de cette colonne, loin de nuire aux monumens que l'on découvre de la place, les lie ensemble de la manière la plus harmonieuse; les statues seules qui encombrent le pont en paraîtront encore plus mesquines. A tout prendre, ce fut une idée plus grande que l'époque que celle d'ériger la représentation de l'obélisque de Luxor, le même jour où l'on inaugurait, sur la place Vendôme, la statue du géant des temps modernes, qui du haut de ses trophées domine la capitale de France, et dont le regard peut reconnaître le témoin du plus aventureux de ses triomphes, ce granit qui vient de passer les mers comme pour apporter au vainqueur des Pyramides l'hommage et l'admiration de Sésostris.

Imprimerie de H. FOURNIER, rue de Seine, n° 14.

www.ingramcontent.com/pod-product-compliance
Ingram Content Group UK Ltd.
Pitfield, Milton Keynes, MK11 3LW, UK
UKHW021045120726
13693UKWH00006B/2437